Moon & Back

Erotisches Gutscheinheft für besondere Paarerlebnisse

Die Hafenprinzessin

Dieses Gutscheinbuch ist für:

_____

Es wird dir geschenkt von:

_____

Bitte löse es in folgendem Zeitrahmen ein:

○   1 Jahr   ○   2 Jahre   ○   unbegrenzt

Impressum

© 2019 youneo projects flick und weber GbR

Verantwortlich

Christian Flick / Mathias Weber

youneo projects flick und weber GbR, Poststraße 1, 49326 Melle

info@youneoprojects.de, www.youneoprojects.de

Herstellung und Verlag

BoD - Books on Demand, Norderstedt

Bildquellen

© studiostoks/shutterstock (Cover), ddok/shutterstock

Hafenprinzessin® ist eine eingetragene Marke der youneo projects flick und weber GbR.

ISBN: 9783749483167

Gutschein

für 1 x Massage deiner Wahl

Gutschein

für 1 x Helfende Hände,
ich bin nur für dich da

Gutschein

für 1 x Du wirst bekocht
nach deiner Wahl,
würzig und scharf

Gutschein

für 1 x Dinner Zuhause
in sexy Unterwäsche
bei Kerzenschein

Gutschein

für 1 x Tat oder Wahrheit

Gutschein

für 1 x Nackt für dich bügeln

Gutschein

für 1 x Nackt staubsaugen

Gutschein

für 1 x Kauf von einem sexy
Spielzeug deiner Wahl

Gutschein

für 1 x Mietzekatze füttern

Gutschein

für 1 x Zusammen baden
mit exotischen Düften

Gutschein

für 1 x

Gutschein

für 1 x

_____

_____

Gutschein

für | x

Gutschein

für 1 x

Gutschein
für | x

Gutschein

für 1 x

Gutschein

für 1 x

Gutschein

für 1 x

Gutschein

für 1 x

Gutschein

für 1 x

Gutschein

für | x

Gutschein

für 1 x

Gutschein

für 1 x

_____

_____

Gutschein
für 1 x

Gutschein

für | x

Gutschein

für | x

Gutschein

für | x

_____

_____

Gutschein

für 1 x

Gutschein

für 1 x

Gutschein

für 1 x

_____

_____

Gutschein

für 1 x

_____

_____

Gutschein

für 1 x

Gutschein
für 1 x

Gutschein

für 1 x

Gutschein

für 1 x

Gutschein
für 1 x

Gutschein
für 1 x

Gutschein

für 1 x

Gutschein

für | x

Gutschein

für | x

_____

_____

Gutschein
für 1 x

Gutschein

für 1 x

_____

_____

Gutschein

für 1 x

Gutschein

für | x

Gutschein

für | x

Gutschein

für | x

Gutschein
für | x

Gutschein

für 1 x

_____

_____

Gutschein

für 1 x

Gutschein

für | x

Gutschein

für 1 x

_____

_____